대인 관계 테라피

Elf-help for Dealing with Difficult People

written by Lisa O. Engelhardt
illustrated by R. W. Alley

Originally published in the USA
under the title
Elf-help for Dealing with Difficult People
Copyright © 2002 by Abbey Press
Saint Meinrad, Indiana
Korean translation copyright © 2011 by ST PAULS, Seoul, Korea

이 도서의 국립중앙도서관 출판예정도서목록(CIP)은 서지정보유통지원시스템 홈페이지(http://seoji.nl.go.kr)와 국가자료공동목록시스템(http://www.nl.go.kr/kolisnet)에서 이용하실 수 있습니다. (CIP제어번호 : CIP2011004246)

이 책은 저작권법의 보호를 받으므로 무단전재와 무단복제를 금합니다.
이 책 내용의 전부 또는 일부를 재사용하려면 반드시 저작권자와 성바오로출판사의 동의를 얻어야 합니다.

대인 관계
테라피

리사 O. 엥겔하트 글   R. W. 앨리 그림

석은영 옮김

여는 글

"그이는 너무 억척스러워!" "그 사람은 제멋대로야." "난 사람이 이중성격인 건 못 봐 줘!" "참 개념이 없는 사람들이야." "조금만 부지런했으면 진작 끝냈을 텐데." "선익을 위한 일이라곤 절대 안 하면서 잘되면 다 제 덕이래."

 괜히 대하기 어려운, 까칠한 사람이 있습니다. 그런 사람을 상대하려면 힘이 듭니다. 그들은 우리의 신경을 곤두세워 폭발하게 만듭니다. 그런 사람들이 불러일으키는 분노와 씨름하느라 들이는 시간이나 에너지가 상상 외로 많습니다. 살면서 그런 사람과 안 부딪칠 수는 없습니다. 그들과 함께 숨 쉬고, 일하고, 교류하고, 같은 행사에 참여합니다. 말해 봤자 속만 상하지 본전도 못 찾습니다. 그런 사람은 어떻게 해야 할까요?
 이 책에 나오는 요정을 만나 봅시다. 일상에서 만나는 까칠한 사람들을 대할 때 해도 되는 일과 절대 해서는 안 되는 일이 무엇인지 그를 따라다니며 배워 봅니다. 그러다 보면 다른 것을 알아보는 안목과 자신의 약

점을 살필 기회를 보너스로 얻을 것입니다. 또 조금만 연습하면 우리의 인간관계가 지닌 문제점에 평화와 조화를 불러오는 능력도 지니게 될 것입니다.

　이제 이 작은 책을 곁에 가까이 두기만 하면 됩니다. 정말 힘이 드는 사람과 상대해야 할 때도 틀림없이 도움을 줄 것입니다!

1.

지나가다가 부딪치면 마찰이 생깁니다. 집에서도, 길에서도, 도서관에서도, 야구장 관중석에서도. 마음의 평화와 서로를 위해서는 까칠한 사람과 상대하는 법을 배워 두면 좋습니다.

When people rub us the wrong way, it causes friction—at home, on the road, across the cubicles, in the bleachers. For the sake of inner peace and the communal good, we need to find a way to deal with difficult people.

2.

하느님은 당신의 지혜와 영감, 위트로 우리를 모두 다르게 빚어 내셨습니다. 그래서 우리는 가끔 서로를 이해하기 힘들 때도 있습니다. 나 또한 다른 사람과 다르다는 것을 기억합시다.

With divine wisdom, imagination, and humor, the Creator cast each one of us as an individual. "Different" is sometimes "difficult" to understand. Remember, you are different too!

3.

다른 사람뿐 아니라 자기 자신이 어떤 성격이고, 어떻게 생각하고 행동하는지 살펴보아야 합니다. 내가 지닌 흥미롭고 유익한 '다름'을 알아내 봅시다.

Explore your own personality type and usual style of thinking and acting, as well as others' Appreciate the interesting, valuable differences among you.

4.

우리는 자기만의 시선으로 세상을 봅니다. 우리 중에 절대 표본으로 삼을 만큼 완벽한 사람은 없습니다. 그러므로 늘 열린 눈을 지니십시오.

Each of us looks at the world out of our own mindset. But none of us is the "norm"—the poster person for perfect conduct or the exemplar of excellence. Keep an open mind.

5.

사람들과의 관계에서 같은 어려움이 반복된다면 혹시 그 원인이 자기 자신에게 있는지 되짚어 봐야 합니다. 친한 친구에게 내 행동에 문제가 있는지 살펴봐 달라고 부탁해 보세요.

If we repeatedly have the same difficulty with people, we need to consider whether we are somehow contributing to it. Ask a good friend to help you identify behavior on your part that may be problematic.

6.

내가 받아들이지 못하는 '나'의 어떤 면이 다른 사람에게서 보일 때 우리는 그것을 싫어합니다. '나'의 어떤 면이 인정하고 싶지 않은 부분인가요? 그 '인정하고 싶지 않은 부분'과 친해져 보세요.

We often dislike in others what we reject in ourselves. What parts of yourself do you have trouble accepting? Befriend this "shadow side" of yourself.

7.

나는 다른 사람들이 '이러이러하다.'고 단정해 버린 사람이 아닙니다. 엘리너 루스벨트는 말했습니다. "당신 스스로 인정하기 전에는 누구도 당신을 하찮게 여기지 못합니다." 다른 사람이 나를 잘못 판단한 것에 속상해하지 마세요.

You are not what someone else decides you are. As Eleanor Roosevelt has said, "No one can make you feel small without your consent." Don't buy into someone's mistaken judgment of you.

8.

생각만 해도 화가 치미는 사람이 머릿속에 떠오를 때는 이렇게 기도하십시오. "하느님, 그를 축복해 주십시오." 그가 잘되기를 소망하십시오. 그리고 내 안에 인내하고 이해하고 어여삐 여기는 마음이 자라기를 기도하십시오.

Every time an aggravating person pops into your head, pray: "God bless you, _____."
Wish that person well. Pray, too, for yourself—for patience, understanding, and compassion.

9.

진실을 받아들이십시오. 내가 아무리 좋은 사람일지라도 나를 이해하지도, 좋아하지도 않는 사람은 꼭 있습니다. 그것은 나 자신과는 전혀 무관한 일입니다.

Accept the truth that, no matter how good of a person you are, some people will never understand you or like you—sometimes for reasons that have nothing to do with you at all.

10.

스스로에게 물어보세요. '지금 겪고 있는 갈등이 5년 후에도 문제가 될까? 힘들지만 이 갈등을 해결해야 할까? 그냥 내버려 둔다면 어떻게 될까?'

Ask yourself: Will this conflict matter five years from now? How much energy do I want to invest in it? What would happen if I just let it go?

11.

불확실한 문제에 대해서는 긍정적인 생각을 가져 보세요. '이 사람이 지금 힘들고 어려운 상황에 놓인 건 아닐까? 오해의 여지가 있을 수도 있겠지? 이런 일이 처음이거나 다른 사람에게도 이랬겠지?'

Give the benefit of the doubt.
Is this person having a bad
day or going through a tough time?
Could there be some
misunderstanding? Is this
the first incident or have there been
others?

12.

아주 가끔 거슬리는 행동을 하는 사람한테는 한걸음 물러서는 아량을 보여도 좋습니다. 하지만 불쾌한 행동을 되풀이한다면 한걸음 다가가서 '그러지 말라.'고 경고할 필요도 있겠지요.

If the offensive behavior occurs only occasionally, you may want to step back and give the person a little latitude. If the behavior is chronically bothersome, then you probably need to take steps toward addressing it.

13.

대하기 힘든 사람에 대해 친구와 이야기를 나눠 보는 것도 분노를 누그러뜨리고 객관적으로 생각하는 데 도움이 됩니다. 반면에 문제가 일어난 자리에서 당사자와 이야기하는 일은 피하는 것이 좋습니다.

Talking with a friend about a difficult person can help defuse anger and offer an objective view. But don't let such discussion take the place of working things out with the actual person.

14.

자신과 대립 관계에 있다고 그 사람을 악마로 만들어 버려서는 안 됩니다. 성인聖人인 사람도, 악마인 사람도 없습니다. 내가 대하기 힘들다고 다른 사람까지 그렇게 여기게 해서는 안 됩니다. 다른 사람들은 그에게서 내가 보지 못한 좋은 점을 볼 수도 있습니다.

Try to avoid demonizing your antagonist. No one is either a saint or a devil. Don't poison others' opinions about the difficult person. They may see redeeming qualities that you cannot.

15.

대하기 힘든 사람에 대해 객관적으로 파악하려고 애쓰기보다는 단정을 지어 버리거나 험담을 하며 내가 더 낫다고 여기는 것이 훨씬 쉽습니다. 어려운 쪽을 택하는 용기를 내 보십시오.

*It's much easier to judge, badmouth, and believe in our own moral superiority than
to confront a difficult person constructively. Summon your courage and take the high road.*

16.

사람이 아니라 문제에 초점을 맞추십시오. 성격이나 의도를 분석하거나 파악하려고 해서는 안 됩니다. 다른 사람을 바꾸거나 성격을 개선하는 일은 우리의 영역이 아닙니다.

Focus on the problem, rather than the person. Try not to judge or analyze character or motivation. It's not up to us to reform other people or improve their character.

17.

"오른뺨을 치거든 다른 뺨마저 돌려 대어라." (마태 5,39) 하신 예수님의 권고가 참기 힘든 험담이나 위협적인 행동을 언제나 눈감아 주어야 한다는 뜻은 아닙니다. 온화한 말로도 얼마든지 내 권리를 주장할 수 있습니다.

The biblical admonition to "turn the other cheek" does not mean we should continually overlook hostile, abusive, or threatening behavior. It is possible to assert your rights in a loving way.

18.

상대방이 화를 낼 때 겁을 내는 것은 그 사람에게 나를 얕볼 힘을 주는 것입니다. 그리고 우리가 화를 낸다면 그 책임은 우리 각자에게 있습니다. 누구도 다른 사람을 화나게 하지 못합니다. 화가 치밀 때는 감정의 폭발을 참으면서 기분을 누그러뜨리세요.

Being afraid of another's anger gives that person power over you. Each of us is responsible for his own anger, however.
You cannot "make" someone else angry. Withstand the blast, if necessary, and control your own temper.

19.

비난할 일이 있으면 일단 물어봅시다. 우리의 분노가 매우 사소한 오해로 인해 생긴 것일 수 있습니다. 다른 사람의 마음이나 의도를 읽을 수 있는 사람은 없으므로 섣불리 악의로 몰아붙이면 안 됩니다. 간단한 설명으로 어렵지 않게 받아들일 수 있는 일도 있습니다.

Ask before you accuse. What you feel is an attack may
simply be a misunderstanding. Since no one can read another's mind or motive, don't assume malice. There may be a simple explanation you have overlooked.

20.

마음을 담아 부드럽게, 확실히 알고 있는 점만 말하십시오. 다시 말해, 사실과 그 사실에 대한 자신의 생각만 말하십시오. 헐뜯거나 비인격적인 말을 사용하는 것은 상대에게 변명의 빌미를 줄 뿐입니다.

Speak gently, from your heart, saying only what you know to be true—the facts and your feelings about them. Blaming, accusing, or using abusive language will only put the other person on the defensive.

21.

단순하게, 직설적으로, 조용히 말합시다.
당신이 _____ 했을 때
내 기분은 _____ 했어요.
왜냐하면 _____ 같았거든요.

빈칸에 어떤 말이 들어갈까요?

State simply, directly, and calmly:
When you _____,
I feel _____,
because _____.
What can we do about this?

22.

기분을 다스릴 수 없을 때는 10까지 세어 보세요(필요하다면 1000까지라도). 숨을 깊이 쉬면서 침착해지십시오. 그래도 긍정적인 대화를 할 수 없겠다 싶으면 나머지 이야기는 다음으로 미루세요.

If you feel yourself getting out of control, count to 10 (or 1000, if need be). Breathe deeply to regain your composure. If you still feel that positive communication is not possible, postpone further discussion till later.

23.

나의 옳음을 증명하는 것 못지않게 올바로 행동하는 것 또한 중요하다는 사실을 기억해야 합니다. 옳고 그름을 가리는 게 아니라, 서로 이해할 수 있는 해결책을 찾아내는 것이 목적입니다.

Remember...It's not as important to prove that you are "right," as to behave rightly. The goal is not to dominate or defeat, but to arrive at a mutually acceptable solution.

24.

다른 사람의 의견을 잘 들으십시오. 첫마디에 이해가 되었다고 여기며 냉큼 화제를 돌리려고 하는 경우가 너무나 많습니다.

Really listen to the other person's point of view.
People are much more likely to be receptive to change if they first feel understood.

25.

아무리 깍듯이 예의를 갖춰 대해도 호의적이지 않은 사람이 있을 수 있습니다. 상대방을 바꿀 수는 없습니다. 내가 바꿀 수 있는 사람은 나뿐입니다. 어느 쪽이 나 자신에게 더 쓸모가 있을지 곰곰이 생각해 보세요.

Some people cannot or will not deal with you in good faith,
no matter how respectfully you approach them. You cannot change others—only yourself. Consider what alternative courses of action are available to you.

26.

자신의 입장을 말했으면 그것으로 만족하십시오. 용기와 절제를 발휘한 자신을 축하해 주세요.

Once you've said your piece,
make peace with it.
Congratulate yourself for
exercising courage and control.

27.

내 말이 받아들여지지 않을 때는 상대방이 깊이 생각한 뒤에 달라질 것이라는 희망을 가지십시오. 상대방이 문제를 이해하고 함께 해결책을 찾아보기 위해서는 여러 차례 만남을 가져야 할 수도 있습니다.

If the other person was not receptive, hope for a better outcome after he has had time to think it over. It may take several encounters to help him understand the issue and agree to work toward a solution.

28.

문제의 원인이 육체적·정신적·감정적 문제라는 생각이 들면 도움을 받을 수 있는 사람에게 은밀히 이야기하십시오.

If you suspect a physical, mental, or emotional problem may be at the root of the problem, speak in confidence with someone who can help.

29.

보다 큰 상처를 입지 않도록 자신을 보호하기 위해서는 몇몇 사람들에게 명확하게 한계를 정해 놓을 필요가 있습니다. 어느 정도의 행동까지 받아들일 수 있는지 확실히 정하고, 확실히 알리십시오.

We need to set clear boundaries with some people to protect ourselves from further injury. Firmly state what behavior is off-limits and enforce this.

30.

상처를 상처로 되갚고 싶은 인간적인 욕심을 접으십시오. 상처로 고통을 받았지만 똑같이 되갚지 않는다면 그만큼의 악을 세상에서 몰아내는 것입니다.

Try to put aside your own very human desire to return hurt for hurt. Whenever we suffer injury and do not respond in kind, we rid the world of that much evil.

31.

나쁜 의도를 품는 것은 마음에 엄청난 짐을 지는 것이므로, 원한을 다루는 법도 이야기하겠습니다. 원한은 털어 버리십시오. 그러면 어깨에 얹혀 있던 무거운 짐이 사라지는 기분을 체험하게 될 것입니다.

It's fitting to talk about "carrying" a grudge, for bearing ill will is indeed a heavy burden. Let go of a grudge and feel a huge weight lift off your shoulders.

32.

용서는 세상에서 가장 하기 힘든 일입니다. 마음속의 들끓는 노여움과 억압, 적개심을 전부 지워야 하기 때문입니다. 그래서 하느님의 도우심이 필요합니다. 기도로 용서를 청하십시오.

Forgiveness is one of the hardest things on earth to do in the face of irritation, intimidation, or hostility. That's why we need heaven's help. Pray to forgive.

33.

자유는 용서라는 말 속에 숨어 있습니다. 용서는 용서한 사람을 노여움과 분노로부터 자유롭게 합니다. 용서하고 자유로워지십시오.

The word "FREES" is hidden in the word "FoRgivEnEsS." Forgiving frees the forgiver—from rage and resentment. Forgive and go free.

34.

용서는 상처를 받자마자 할 수 있는 일이 아닙니다. 상처나 자존심의 손상, 슬픔이 차츰 더 깊어지듯이 용서도 한 켜 한 켜 쌓여서 이루어지는 과정입니다. 성경은 일흔일곱 번이라도 용서하라고 합니다. 비록 같은 상처를 반복해서 입을지라도!

Forgiveness is not instantaneous. It's a many-layered process, as we gradually let go of hurt, pride, and bitterness. The Bible says to forgive "seventy-seven times"— maybe even for the same injury.

35.

관계에 있어서의 어려움은 우리를 무척 힘들게 합니다. 분노로 인해 과민하게 반응하거나 스트레스가 쌓여 파괴적인 악순환에 빠져들 수 있습니다. 매일 자기 자신에게 집중해 마음을 닦는 시간을 가지십시오.

We can obsess over a difficult relationship so much that we create a destructive spiral of rage, overreaction, and stress. Take time each day to center yourself and renew your spirit.

36.

과다 분비된 아드레날린은 운동이나 자신이 좋아하는 휴식 방법을 통해서 몸 밖으로 덜어 내십시오. 문제를 스물네 시간 동안 마음에서 몰아내는 연습을 해 보세요. 내 안의 스트레스에게도 휴식을 주십시오.

Discharge excess adrenaline with exercise or your favorite form of relaxation. Try to obliterate the problem from your mind for twenty-four hours. Give your stress a rest.

37.

'대하기 힘든 사람'은 하느님이 우리에게 인내와 관용, 고집 다스리는 법을 가르치기 위해 사용하는 수단일지도 모릅니다. 마음을 열어 그 폭을 넓히십시오.

*"Difficult" people may be
God's way of teaching us patience,
tolerance, and loving assertiveness.
Stretch your heart and grow.*

38.

어떤 사람은 정말 상대하기 힘들다는 것을 하느님도 아십니다. 그래서 하느님은 우리가 허우적거릴 때 우리 곁에서 변화를 위해 애쓰도록 용기를 주시고, 결과를 받아들일 침착함도 주십니다.

God knows it's hard to deal with some people. Yet God is with us in our struggles, giving us the courage to work toward change and the serenity to accept the outcome.

리사 O. 엥겔하트는 애비 출판사의 편집자이며, 10권의 책을 낸 작가이기도 합니다. 「Anger Therapy」를 다른 작가와 함께 짓기도 했습니다. 그녀는 남편과 세 아이와 함께 인디애나 주 로렌스버그에 살고 있습니다.

애비 출판사 "Elf-Help books" 시리즈의 삽화를 그린 **R. W. 앨리**는 부인, 아들, 딸과 함께 로드아일랜드 주 배링턴에 살며 어린이 책도 쓰고 그림도 그립니다. 사이트 www.rwalley.com에 가면 앨리의 다양한 책들을 볼 수 있습니다.

닫는 글

애비 출판사의
꼬마 요정 이야기

애비 출판사에서 시리즈물로 나온 "Elf-Help" 책들과 그 책에 그려진 멋진 꼬마 요정들은 1987년 『Be good to yourself Therapy』라는 작은 책에서 처음 태어났습니다. 편집 위원들의 상상력에 R. W. 앨리의 독창적인 그림으로 태어난 요정들을, 작가 체리 하트만이 자기 성장을 위해서 독자들에게 전하는 따뜻한 조언들과 함께 적절하고 재미있고 현실감 있게 완성했습니다.

독자들의 반응이 너무나 커서 곧이어 다른 "Elf-Help" 책들이 나왔습니다. 이 시리즈물이 계속 나오면서 이와 관련된 다양한 상품들도 만들어졌지요.

처음에 나왔던 책들에서는 무척이나 귀여운 꼬마 요정이 모자를 쓰고 나왔는데, 시시각각 변하는 초를 모자 꼭대기에 달고 있는 모습이 참 인상적입니다. 나중에는 머리에 꽃을 꽂은 예쁜 여자 요정도 태어났습니다. 이 발랄하고 사려 깊고 친절하고 사랑스러운 두 요정은 다른 꼬마 요정들과 함께 하느님 사랑의 신비, 인생에서 만나는 기적, 온전함과 평온함, 기쁨과 경이로움, 즐겁게 놀면서 함께 만들어 가는 것들에 대해 이야기하며 우리에게 진정으로 중요한 게 무엇인지를 알려 줍니다.

지혜롭기도 하고 가끔은 색다른 놀라움도 주는 이 작은 요정들, 긴 코를 자랑하는 이 요정들과 함께 진정으로 풍성하고 충만한 삶을 살아가는 법을 배워 보세요.

'테라피 시리즈'

『스트레스 테라피』(2009)

『믿음 테라피』(2009)

『기도 테라피』(2009)

『걱정 테라피』(2009)

『우울증 테라피』(2010)

『자기 사랑 테라피』(2010)

『영적 공허 테라피』(2010)

『외로움 테라피』(2010)

『대인 관계 테라피』(2011)

『용서 테라피』(2011)

『단순한 삶 테라피』(2012)

『평화 테라피』(2012)

『감사 테라피』(2013)

『받아들임 테라피』(2013)

『갈등 해소 테라피』(2013)

『고통 테라피』(2013)

대인 관계
테라피

글쓴이 : 리사 O. 엥겔하트
그린이 : R. W. 앨리
옮긴이 : 석은영
펴낸이 : 서영주
펴낸곳 : 성바오로
주소 : 서울특별시 강북구 오현로7길 20(미아동)
등록 : 7-93호 1992. 10. 6
교회인가 : 2011. 10. 13
초판 발행일 : 2011. 10. 22
1판 4쇄 : 2025. 4. 2
SSP 934

취급처 : 성바오로보급소
전화 : 944--8300, 986--1361
팩스 : 986--1365
통신판매 : 945--2972
E-mail : bookclub@paolo.net
인터넷 서점 : www.paolo.kr

값 5,500원
ISBN 978-89-8015-780-8